ÁLVARO SÁNCHEZ

ÁLVARO SÁNCHEZ

México, 2023

Edición:

Diseño de portada: Jair Güereca
Ilustraciones de interiores: Freepik

©ÁLVARO SÁNCHEZ DOMÍNGUEZ
©EDICIONES ALGORITMO 524
edicionesalgoritmo524@gmail.com
academiainteractua@hotmail.com

Todos los derechos reservados.
Ninguna parte de esta publicación puede ser reproducida, almacenada o transmitida por ningún medio, ya sea electrónico o impreso, sin el previo permiso del escritor y del editor.

"El éxito no se mide por los resultados alcanzados, sino por los obstaculos que se han superado"

George Bernard Shaw

Agradecimientos 9

Despertar emprendedor 11

Marco mental

    1. Columna vertebral 24
    2. Herramientas 25
    3. Estrategias 26
    4. Modelos de negocio 27
    5. Dinero, tiempo y riesgo 28

Desafíos

    1. Financiamiento 37
    2. Competencia 38
    3. Incertidumbre en el mercado 39
    4. Falta de tiempo 40
    5. Dificultades para controlar y retener a los empleados adecuados 41

Cinco errores principales que cometen los emprendedores

    1. No tener un modelo y plan sólido 43
    2. Falta de investigación de mercado 44
    3. No tener suficiente capital 45
    4. No delegar tareas 46
    5. No escuchar a los clientes 47

Etapas
  1. Ideación   49
  2. Investigación de mercado   50
  3. Planificación y maquetación   51
  4. Lanzamiento   52
  5. Crecimiento   54
  6. Consolidación   55
  7. Expansión   56
  8. Maturing o madurez   57

Áreas clave
  1. Finanzas   59
  2. Ventas y Marketing   60
  3. Recursos humanos   61
  4. Producción   62
  5. Tecnología   63
  6. Investigación de mercado   64
  7. Servicio al cliente   65
  8. Dirección estratégica   66
  9. Procesos   67

Recomendaciones   69

AGRADECIMIENTOS

Sólo quien acompaña en el camino de grandes obstáculos y dificultades, merecerá acompañarte en la dicha de la abundancia y prosperidad.

Por eso, quiero agradecer a mi compañera de vida, mi amiga y esposa Jazmín, quien ha pasado a mi lado cada gran etapa de mi vida, desde tropiezos hasta éxitos, es mi mayor soporte y quien me alienta a ser mejor cada día.

Mis hijos, que son mi mayor motivación y por los cuales busco ser el mejor hombre para ser ejemplo del que puedan estar orgullosos.

Y, por supuesto, a la comunidad del *Club de Negocios Interactúa*, una gran comunidad de emprendedores con los que convivo a diario y es sin duda la mayor fuente de aprendizaje, en donde además de compartir experiencias, han surgido grandes amistades.

Ya sé, ya sé... parece un agradecimiento como si fuera para un guion digno del Óscar o algo por el estilo, jeje, pero este pequeño libro es en realidad un primer escalón, un sueño cumplido, que es el escribir mi primer libro.

Un libro no se mide por el número de páginas o ejemplares de edición, sino por la pasión que se ha puesto en él; así que si estás en este momento leyendo estas líneas, es porque logré vencer miedos, incertidumbre, el síndrome del impostor; y gracias a mi editora, Cynthia, he dado el primer paso hacia el maravilloso mundo de compartir mi experiencia.

Gracias a ti, que estás dedicando un tiempopara descubrir lo que tengo que compartir, y pronto vendrá más.

Álvaro Sánchez

DESPERTAR EMPRENDEDOR

El emprendimiento es una aventura emocionante y llena de oportunidades, pero también puede ser un camino difícil y lleno de obstáculos. En la actualidad se ha vuelto una "moda", la cual parecería ser el único camino al triunfo, por el cual todos queremos transitar. En el trayecto, los emprendedores enfrentan una serie de problemas y desafíos comunes para los que, probablemente, no estén preparados. Sin embargo, estos obstáculos no son infranqueables; con la información, preparación y estrategias adecuadas, cualquier emprendedor puede superar dichos desafíos y alcanzar el éxito.

Esta publicación te mostrará de una forma general y concreta algunas de las barreras que aquejan al emprendedor que recién inicia su camino (desafíos en el andar), y te brindará soluciones a los problemas más comunes, así como consejos y estrategias prácticas.

Desde la mentalidad con que se aborda el emprendimiento, pasando por el desarrollo de un plan de negocios sólido, hasta la búsqueda de financiamiento, se abordan los temas con practicidad y métodos probados por cientos de emprendedores y empresas.

Si estás listo para aprovechar al máximo tu potencial emprendedor y superar los obstáculos en el camino hacia el éxito, este libro es para ti. Con la información y las estrategias que ofrece, podrás convertirte en un emprendedor exitoso y alcanzar tus metas y sueños.

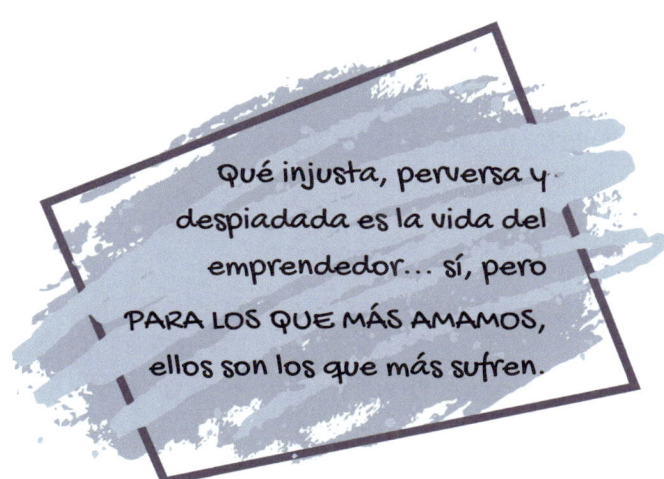

Qué injusta es la vida del emprendedor

Siempre escuchamos lo bonita o difícil que es la vida y carrera del emprendedor, pero lo vemos desde la perspectiva de un emprendedor a otro, decimos que sólo aquellos que lo vivimos podríamos comprenderlo.

El emprendedor es positivo y visionario por naturaleza, eso lo ayuda a soportar un inicio incierto, con pocos ingresos y extenuantes horas de trabajo. Puede soportar mucho tiempo antes de comenzar a ver resultados; pero su familia come todos los días, aguanta hambre, penurias, austeridad, y vive con incertidumbre cada día.

Ante un tropiezo y fracaso, el emprendedor presume:

"No es un fracaso, es un aprendizaje más"

Su familia, entre tanto, tiene que volver a ajustar el cinturón, privarse de comodidades, soportar el estrés y voltear a ver al emprendedor con una sonrisa, diciéndole:

"Estamos contigo, confiamos en ti".

Es muy fácil que el emprendedor pierda el piso, la humildad y empatía por la gente que lo rodea y es su motor. Ellos se convierten en su red de seguridad y la cuerda que los mantiene con los pies en la tierra.

El emprendedor SUEÑA

mientras su familia vive el AHORA.

El emprendedor BATALLA,

pero su familia SUFRE.

El emprendedor se ALEGRA
de sus triunfos,

su familia RUEGA
para que no sea pasajero.

El emprendedor vive un SUEÑO,

su familia una PESADILLA.

¡Qué injusta, perversa y despiadada
es la vida del emprendedor!

Es momento de agradecer a quienes nunca dejan de apoyarnos, y que en este camino seamos un poco mas conscientes de que este esfuerzo no es sólo nuestro, sino también de nuestra familia.

El éxito no es un punto fijo en el horizonte

Tal vez todos conozcamos la palabra ÉXITO, todos queremos alcanzarlo, quizá comprendamos el significado que del diccionario, pero...

 ¿En verdad seremos capaces de definir correctamente al éxito?

Independientemente de lo que consideres como éxito, tenemos que tener algo en mente:

> **El éxito no es un punto fijo en el horizonte, si das un paso en dirección a él de vez en cuando, no necesariamente estarás más cerca de alcanzarlo; probablemente ya dio diez pasos más y en dirección incierta.**

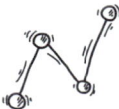

Con esto quiero decir que al éxito le gusta la velocidad, está en constante movimiento y es escurridizo.

El mundo avanza a pasos agigantados, las oportunidades ahora tienen un periodo de incubación más corto. El futuro llega en un abrir y cerrar de ojos.

> Si tú quieres realmente alcanzar el éxito, tienes que ser más rápido que toda esta evolución.

El éxito no se detiene y avanza rápido, se esconde, juega y coquetea con nosotros. Donde ayer lo encontrabas, hoy es solamente un peldaño por el cual forzosamente debes de pasar.

Sólo como ejemplo: si antes saber leer era todo un éxito, hoy es una obligación, lo que le resta un valor agregado de exclusividad.

En fin, el éxito se está moviendo constantemente, y no puedes alcanzarlo parado en un mismo lugar.

> No te detengas, porque se te escapa.

Por lo tanto, ante el cuestionamiento:

¿Cuándo es el mejor momento para empezar?

La respuesta es fácil:

Si no lo has hecho aún, hoy es el mejor día para hacerlo; sin embargo, muchos esperamos a estar suficientemente preparados; pero mientras más aprendemos, más nos damos cuenta de todo lo que nos falta.

Mientras no inicies, no serás consciente de lo que en verdad te hará falta en dicho emprendimiento.

Matt Hemmi menciona cuatro situaciones que me parecen geniales:

1. Eres conscientemente competente

Aquí SABES que puedes hacer las cosas y realmente sabes hacerlas.

Una persona que tiene la decisión de salir adelante, no quiere decir que sepa mucho, pero confía en lo poco que sabe, y tiene la inteligencia suficiente para salir adelante con ello, está abierto siempre a nuevos conocimientos, y eso le otorga seguridad.

 Eres inconscientemente competente

NO SABES que ya estás preparado y tienes lo necesario para hacerlo. Éste es el tipo de persona, muchas veces, con baja autoestima y que, a pesar de estar sumamente preparado, no tiene confianza en sí mismo; esto les genera gran indecisión.

3. Eres conscientemente incompetente

SABES que no estás preparado y te falta lo necesario para comenzar. Una vez que lo tomas en cuenta, tu objetivo sería prepararte. El no saber NO es pecado, pero tal vez sea no querer solucionarlo. Como diría Bill Gates:

> "No es tu culpa haber nacido pobre, pero sí lo será, si mueres pobre".

 Eres inconscientemente incompetente

IGNORAS que no estás preparado. Éste es un tipo de persona potencialmente destinado al fracaso. Por lo general, su ego no le permite que darse cuenta de lo mucho que tiene por aprender, y rara vez solicitan o aceptan ayuda.

Entonces,

> ¿Qué necesito para comenzar?,
> ¿Por dónde comienzo?

Existen preguntas similares la mayor parte del tiempo. Tal vez, la mayoría espera una respuesta muy técnica, pero, en realidad, es más sencilla:

No importa por dónde o con qué, **SÓLO COMIENZA.**

Siempre queremos arrancar cuando ya tenemos todas las herramientas o recursos, queremos estar "listos", y eso nos limita a pensar que necesitamos estar más y más preparados. Un negocio en realidad no es tan complicado de llevar,

Nosotros lo hacemos difícil

Una vez que arrancas, el mismo proyecto te muestra sus necesidades.

No digo que iniciemos sin preparación previa, sino que comencemos a actuar fuera del papel. Busca local si vas a necesitar uno; habla con proveedores si los vas a requerir; empieza por lo básico. Te dejo algunos puntos que te pueden ayudar a comenzar a estructurar.

1. COLUMNA VERTEBRAL

A menudo confundimos este punto. La columna vertebral es el propósito de tu negocio, la estructura medular que generará dinero. Ésta, difícilmente cambiará. Son las áreas clave, los departamentos, actividades, tu producto o servicio, etc.

2. HERRAMIENTAS

Son aquellas que permiten funcionar a la columna, pero debes evitar mezclarla con la columna vertebral, ya que en ocasiones las mismas herramientas pueden generarte ingresos. Éstas las debes modificar si no te funcionan. Aquí puedes contemplar permisos, títulos, contratos, software, equipo, instalaciones, incluso personal, etc.

3. ESTRATEGIAS

Son esenciales para generar el tráfico necesario para que tus herramientas comiencen a ser funcionales. Por lo general son aplicables por breves periodos. Algunas de ellas son la publicidad, presencia en eventos empresariales, promociones, etc.

4. MODELOS DE NEGOCIO

Si conoces bien cómo estructurar un modelo adecuado, tu negocio ya estará encaminado. Más del 70% de los negocios que se estancan es por tener un modelo de negocio equivocado o mal estructurado. Recuerda, llenar un documento no es un modelo de negocio.

5. DINERO, TIEMPO Y RIESGO

Estos son los tres pilares de un negocio exitoso, cada uno funciona de manera diferente, debes comprender cómo influye en tu proyecto cada uno de ellos.

Si los alineas con tu **modelo de negocio,** casi en automático tendrás tu **Plan de negocio.**

No es lo mismo MODELO DE NEGOCIO, que PLAN DE NEGOCIO.

Una vez que decidiste iniciar, debes tener presente que no todo lo que hemos escuchado sobre el emprendimiento es totalmente cierto; al menos no al principio, pero si estás dispuesto a pagar el precio con sudor y sacrificio:

> Seguro podrás disfrutar una vida plena.

Aquí te menciono sólo algunos de los elementos por los que muchas veces decidimos emprender:

1. Queremos libertad para operar y no depender de un jefe

Resulta que, al no tener quién nos diga qué hacer, nos perdemos y nuestro negocio se estanca rápido en cuanto la operación se sale de nuestras posibilidades. Para esto es importante que no te enfoques sólo en la parte operativa y te puedas capacitar en todas las áreas de un negocio.

2. Queremos libertad financiera

Pero terminamos endeudados, nos queda menos dinero al final del mes y **estamos siempre preocupados** de poder cubrir los gastos mensuales.

> Probablemente no cuentes con un sueldo y la incertidumbre puede ser fatal.

Sin embargo, una vez que logras superar esta etapa, es increíble la sensación de autonomía y libertad que nos hace disfrutar la vida de manera distinta.

3. Queremos ser dueños de nuestro tiempo

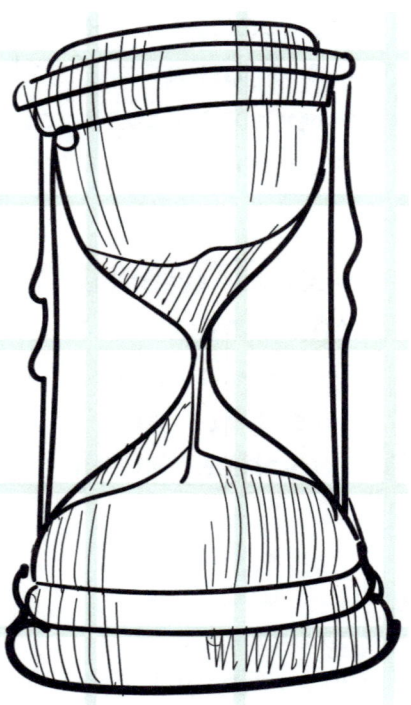

Pero en lugar de trabajar ocho horas diarias con día de descanso, vacaciones, incapacidades cuando nos enfermamos, etc., terminamos trabajando de lunes a domingo, y más de diez horas diarias. Tenemos que trabajar a pesar de estar enfermos y, si bien nos va, tomamos vacaciones una vez cada 3 años.

Por estos motivos:

> Es imperante desarrollar sistemas y estandarizaciones, para que el tiempo deje de ser un problema.

4. Queremos tranquilidad y disfrutar el resto de nuestras vidas

Y estamos más estresados que nunca. Hasta dormidos pensamos en cómo resolver los problemas que se nos presentan; incluso, quienes nos rodean se contagian de estrés al vernos preocupados todo el tiempo. No tenemos certeza sobre el futuro. Trabajar con objetivos claros y alcanzarlos, es un buen aliciente para continuar día a día con la tranquilidad de que vamos por el camino correcto.

5. Emprendemos con la ilusión de tener éxito

Pero vivimos cada día pensando en no quebrar, jugamos a no perder y estamos felices cuando logramos resolver un problema.

Quien no juega para GANAR, ni siquiera debería comenzar.

6. Queremos emprender en algo que nos apasiona

Sin embargo, con tantas calamidades se vuelve un martirio y nuestra pasión deja de serlo, porque no lo disfrutamos, sino lo sufrimos.

Siempre he pensado que cuando algo te apasiona, deberías poder hacerlo incluso gratis; lamentablemente, por lo general, éste será nuestro primer ingreso.

Si estás por comenzar tu emprendimiento o tu negocio ya está en marcha, pero quisieras darle un enfoque distinto y recomponer el camino, a continuación te dejo algunos desafíos a los que te enfrentarás en el camino: errores comunes, soluciones, recomendaciones y otros aspectos. Presta mucha atención, identifícalas en tu emprendimiento y busca implementar mejoras al respecto.

Los cinco mayores desafíos a los que se enfrentan los emprendedores:

1. Financiamiento:

Obtener financiamiento para iniciar y mantener un negocio puede ser un desafío importante para la mayoría de los emprendedores. Muchos bancos y otras instituciones financieras son reacios a prestar dinero a empresas nuevas o en crecimiento, así mismo es complicado conseguir crédito de proveedores sin un historial con ellos.

Ante estas complicaciones, los emprendedores pueden considerar opciones como:

- Crowdfunding.
- Préstamos de amigos y familiares.
- Créditos de pequeñas empresas.
- Inversionistas ángel.

2. Competencia

La competencia puede ser feroz con empresas emergentes, y los emprendedores deben trabajar duro para mostrar un gran diferenciador para superar esta primera etapa y no quedarse en el camino.

En este caso debemos enfocarnos en diferenciarnos de la competencia, ofreciendo un valor único y mejorando continuamente nuestros productos y servicios. No es tarea fácil, pero sin duda podemos encontrar formas ingeniosas para sobresalir y no sólo competir por precios.

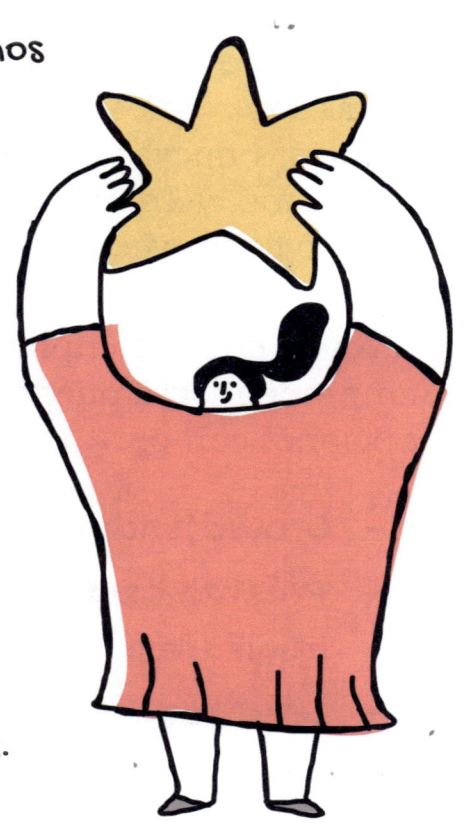

3. Incertidumbre del mercado

El mercado puede ser impredecible y cambiante. Los emprendedores deben estar preparados para reaccionar rápidamente ante los cambios y aprovechar las oportunidades, más aún en esta nueva economía, donde no necesariamente crecerá más rápido el que más recursos tenga, sino quien más rápido se adapte al cambio.

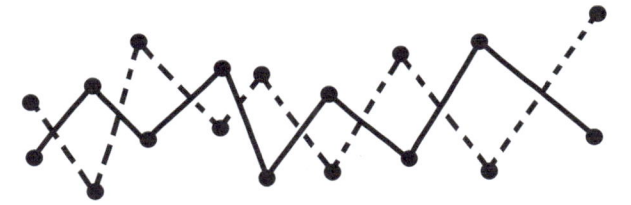

Adelantarnos a los cambios, tomar decisiones informadas, prepararse continuamente, y pertenecer a comunidades de emprendimiento, pueden darnos mayor certeza de que estamos haciendo bien las cosas.

> En grupo aprenderemos más rápido que solos y desinformados.

4. Falta de tiempo

Los emprendedores son responsables de todos los aspectos de su negocio, y es fácil sentirse abrumado y superado por la cantidad de trabajo que hay que hacer. En esta situación nos pasamos la mayor parte del tiempo tapando hoyos y fugas, resolviendo problemas en lugar de enfocarnos en el crecimiento, lo cual se vuelve rápidamente un círculo vicioso.

Para solucionarlo, debemos **estandarizar actividades** y desarrollar **procesos productivos** para poder *delegar actividades.*

5. Dificultades para contratar y retener a los empleados adecuados

Los emprendedores deben tener cuidado al contratar y retener a los empleados adecuados, ya que el personal de una pequeña empresa puede tener un impacto significativo en su éxito o fracaso.

> Además, nos topamos con un primer obstáculo al comenzar sin muchos ingresos y los sueldos pueden ser una carga pesada mientras el negocio tiene flujo de efectivo.

Y por si esto fuera poco, al inicio, las actividades y funciones son inciertas, por lo que es probable que el personal no esté listo para las actividades tan variadas y cambiantes.

Los colaboradores en la empresa son el motor que hace que todo funcione. Por tal motivo, **es importante generar un ambiente divertido y desafiante**, en donde ellos se sientan realmente valorados e importantes en la organización, sobre todo al inicio. Esto puede hacer que las proyecciones de la empresa y de ellos mismos tomen mayor peso.

Estos son sólo algunos desafíos que podemos encontrar al principio. No significa que sean todos, solo mencionamos los que resultan ser más abrumadores; pero con la información y las estrategias adecuadas, los emprendedores pueden superarlos y alcanzar el éxito.

Ya que sabemos qué tipo de desafíos nos esperan, debemos evitar a toda costa los siguientes errores.

Cinco errores principales que cometen los emprendedores al iniciar un negocio:

1. NO TENER MODELO Y PLAN SÓLIDO

Muchos emprendedores pasan a la acción sin antes tener un modelo que le dé estructura al negocio, ni un plan detallado y bien pensado que nos diga cómo accionar, lo que puede resultar en una falta de dirección y un mayor riesgo de fracaso.

2. FALTA DE INVESTIGACIÓN DE MERCADO

Antes de iniciar un negocio, es crucial realizar una **investigación exhaustiva del mercado** para determinar si hay una demanda real para el producto o servicio que se está ofreciendo, o al menos hacer **benchmarking** con tu competencia más cercana, para conocer parámetros que nos ayuden con nuestra introducción en el mercado.

3. NO TENER SUFICIENTE CAPITAL

Si bien no tener suficiente capital no es un error, sí lo es no contar con un plan financiero que atienda diferentes escenarios y controlar mejor el riesgo.

> El capital es un recurso crítico para el éxito de un negocio, y muchos emprendedores se quedan cortos al inicio y no pueden financiar adecuadamente sus operaciones, debido a la falta de experiencia y desconocimiento de las posibles amenazas.

4. NO DELEGAR TAREAS

Los emprendedores a menudo se sienten responsables de todo en su negocio. No delegar tareas clave puede resultar en una sobrecarga de trabajo y una falta de tiempo para enfocarse en las tareas críticas.

Aquí influyen muchos factores, entre ellos:

- La imposibilidad de contratar personal.
- El pensamiento de "nadie puede hacerlo mejor que yo".
- No tener habilidades de liderazgo y dirección.
- Simplemente por ignorancia.

En cualquier caso,
 siempre llegamos al mismo resultado.

5. NO ESCUCHAR A LOS CLIENTES

Es importante escuchar a los clientes y tener en cuenta sus **necesidades y deseos** al tomar decisiones importantes sobre el negocio. Ignorar los comentarios y sugerencias de los clientes puede resultar en un producto o servicio que no se ajusta a sus necesidades y deseos.

Toma en cuenta algo fundamental:

> Debemos satisfacer las necesidades del CLIENTE, no las propias.

Evitar estos errores puede ser clave en el éxito de un negocio. Con la preparación, estrategias y herramientas adecuadas, los emprendedores pueden tomar decisiones informadas y evitar cometer errores costosos que afecten su capacidad para alcanzar el éxito.

Con todo esto, ya estamos anticipando y controlando un poco el riesgo. Ahora comencemos a estructurar nuestro negocio.

1. Ideación

Etapas

En esta etapa, el emprendedor tiene una idea o visión para un producto o servicio, la cual debe ser evaluada y perfeccionada para determinar su viabilidad y capacidad de escalabilidad.

- Evalúa tus habilidades y conocimientos,
- Investiga y aprende sobre la industria y el mercado,
- Asegúrate de que tu idea tenga una demanda real y un potencial de éxito.

> Pregunta e interactúa con más emprendedores, sin importar el giro. Esto te puede dar muchas ideas desde diferentes puntos de vista.

2. Investigación de mercado

Aquí el emprendedor investiga el mercado y la industria para determinar la demanda potencial para su producto o servicio, e identificar a la competencia.

Un análisis de la matriz FODA puede ser el inicio y poco a poco ir adentrándote más en las oportunidades que te brinda el mercado.

Mantén la **mente abierta** y no quieras justificar tu pensamiento, escucha lo que tu investigación tiene que decirte, la cual por cierto deberá ser con una media extensa para minimizar los sesgos que pueda generarte una investigación deficiente.

3. Planificación y maquetación

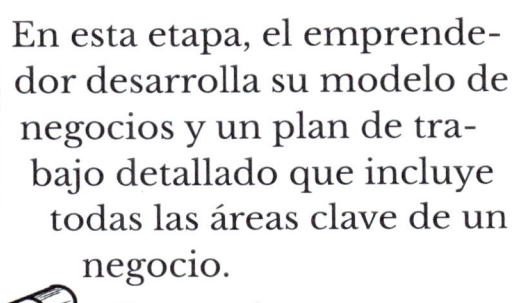

En esta etapa, el emprendedor desarrolla su modelo de negocios y un plan de trabajo detallado que incluye todas las áreas clave de un negocio.

Es muy importante que tomes en cuenta tu investigación de mercado y estés abierto a posibles variaciones, esto puede salvar tu negocio aun antes de comenzar.

Desarrolla un plan de trabajo detallado que incluya al menos:

- Una **estrategia de marketing** sólida,
- Un **plan financiero** realista
- Un **plan operativo** eficiente.

Asegúrate de tener una visión clara de tus objetivos y de cómo alcanzarlos.

4. Lanzamiento

Es aquí donde el emprendedor inicia el negocio y comienza a atraer clientes y generar ingresos.

Comunica efectivamente tu producto o servicio al mercado, atrae clientes y asegúrate de que tus operaciones sean eficientes y escalables desde el principio.

Es importante tomar en cuenta que al inicio existen dos etapas críticas para todo emprendedor:

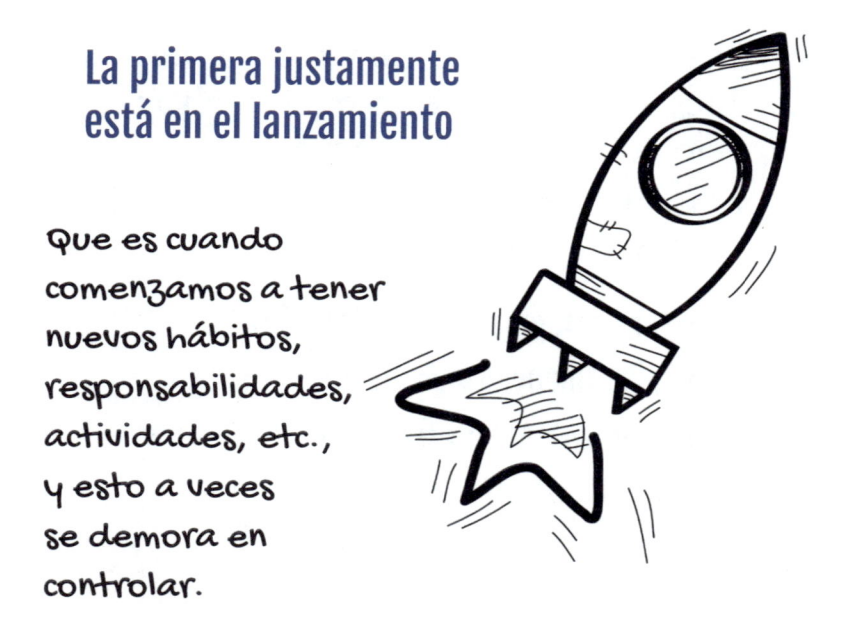

La primera justamente está en el lanzamiento

Que es cuando comenzamos a tener nuevos hábitos, responsabilidades, actividades, etc., y esto a veces se demora en controlar.

Después llega una etapa de estabilidad, donde lamentablemente se queda más del 82% de los nuevos negocios que pasan los primeros seis meses. Llega la zona de confort y el estancamiento, pero cuando nos sentimos listos para crecer, viene

La segunda etapa crítica,

porque llegan nuevas responsabilidades y actividades, y ahora controlarlos se vuelve cada vez más difícil.

No olvides llevar el crecimiento de tu negocio a la par de tu desarrollo personal y profesional.

5. Crecimiento

El negocio comienza a expandirse y a generar más ingresos. El emprendedor puede:

- Abrir nuevos mercados
- Diversificar sus productos o servicios,
- Contratar empleados.

Procura que esas contrataciones sean de personas talentosas y motivadas.

Mantén una cultura de innovación y mejora continua.

6. Consolidación

En esta etapa, el negocio ha alcanzado un cierto grado de **estabilidad**

y el emprendedor puede centrarse en **mejorar la eficiencia operativa**

y en mantener una **relación sólida con sus clientes.**

> Es común que aquí haya cierta seguridad que nos permite arriesgar un poco para prepararnos para la **expansión.**

7. Expansión

Ya que el negocio continúa creciendo y expandiéndose en

nuevos mercados y geografías,

es importante que cuentes con una

marca sólida

Sobre todo para nuevos mercados, ya que puede darse el caso de que seas un completo desconocido y te toque "picar piedra", como al principio.

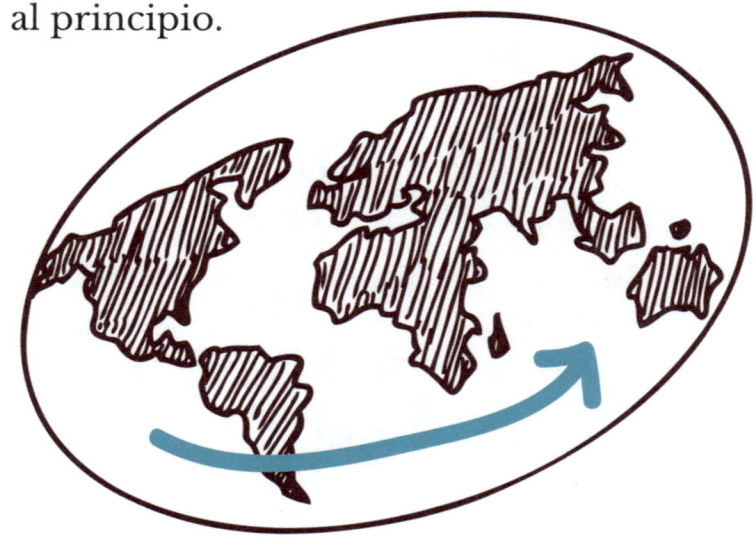

8. Maturing o madurez

En esta etapa, el negocio se consolida como una empresa estable y sólida, con una base de clientes leales y una presencia firme en el mercado.

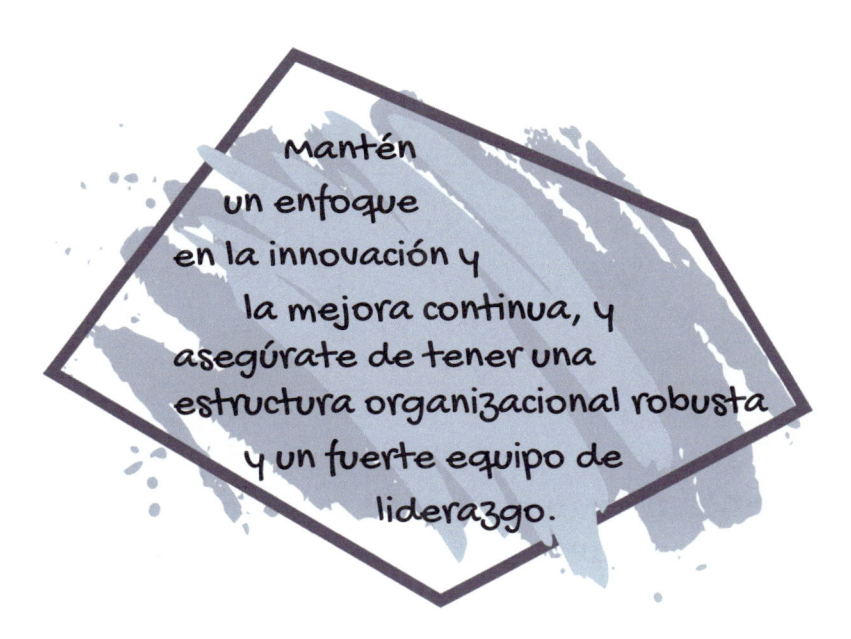

> Mantén un enfoque en la innovación y la mejora continua, y asegúrate de tener una estructura organizacional robusta y un fuerte equipo de liderazgo.

Estas son las etapas generales que un negocio puede atravesar desde su concepción hasta su crecimiento, aunque puede haber variaciones, dependiendo del tipo de negocio y el mercado en el que se encuentre. Lo más importante es que cada emprendedor evalúe continuamente su progreso y se adapte a los desafíos y oportunidades que se presenten a medida que el negocio evoluciona.

Considera que no existe una única forma para tener éxito en cada etapa del negocio, y que es probable que debas ajustar y adaptar tus estrategias, a medida que el negocio evolucione y surjan nuevos desafíos y oportunidades.

> Lo más importante es tener un enfoque claro y estar dispuesto a trabajar duro y ser flexible.

Vamos avanzando, y ahora es momento de adentrarnos más en el negocio y algunas de las áreas clave más relevantes. No importa que seas **solopreneur**, o lo que es lo mismo, el todólogo de tu empresa, y aun cuando no tengas bien definidas estas áreas, seguramente tendrás que hacer dichas funciones.

Estas pueden variar dependiendo del tamaño y naturaleza de tu negocio; sin embargo, algunas que no pueden faltar son:

1. FINANZAS

Esta área se encarga de gestionar el flujo de efectivo y los recursos financieros del negocio, incluyendo la contabilidad, presupuestos y planificación financiera.

La rentabilidad de la empresa es la parte medular, ya que sin esta, el negocio muere. Por eso debemos ser capaces de planear y controlar esta área, ya que es una de las pocas donde el dueño de negocio tiene que ser experto o tener en el equipo a uno,

¡SÍ O SÍ!

Áreas clave

2. VENTAS Y MARKETING

El departamento de ventas y marketing es responsable de la promoción y la venta de productos y servicios del negocio.

Esto puede incluir estrategias de marketing, como la publicidad en medios tradicionales o en línea, así como la participación en eventos y ferias comerciales. El área de ventas también es responsable de establecer relaciones con los clientes y de convertir las oportunidades de venta en transacciones reales.

Las ventas son el motor de la empresa y no podemos esperar a que los clientes lleguen solos.

Ésta es la actividad a la que mayor tiempo deberíamos dedicarle.

3. RECURSOS HUMANOS

Es responsable de la gestión de los empleados del negocio, lo que incluye:

- Contratación.
- Formación.
- Compensación.
- Evaluación del desempeño de los empleados.

El área de recursos humanos también es responsable de:

> Mantener políticas y prácticas justas y equitativas para los empleados, así como de resolver conflictos y mejorar la cultura laboral.

4. PRODUCCIÓN

El área de producción u operaciones es responsable de la ejecución del negocio.

Esto incluye:

- La fabricación de productos.
- Prestación de servicios.
- Gestión de los procesos.
- Logística necesaria para cumplir con los pedidos de los clientes.

> El área de producción también es responsable de la optimización de la eficiencia y eficacia de los procesos para mejorar la calidad y reducir los costos.

5. TECNOLOGÍA

Esta área es responsable de la gestión de la tecnología y los sistemas informáticos necesarios para el funcionamiento del negocio, lo cual incluye:

- **La implementación y mantenimiento del software, hardware y sistemas de seguridad.**
- **La gestión de la infraestructura tecnológica.**
- **La resolución de problemas técnicos.**

Hoy en día, vivimos en una era tecnológica, tanto que es posible acercarnos a todo el mundo y facilitar nuestras operaciones. Si no lo hacemos, nuestra competencia sí lo hará y nos quedaremos rezagados.

6. INVESTIGACIÓN Y DESARROLLO

INNOVAR O MORIR

No toda innovación se refiere a la creación de algo inexistente, de tecnología o de algo completamente diferente, significa que debemos estar en **constante evolución**, ya que el mercado lo exige y es despiadado.

El área de investigación y desarrollo es responsable de:

> la innovación y desarrollo de nuevos productos, procesos y tecnologías.

Esta área es fundamental para el crecimiento a largo plazo y la competitividad del negocio y puede involucrar la investigación de nuevos mercados y tecnologías, así como la experimentación y el desarrollo de nuevos productos o procesos. También es responsable de evaluar y seleccionar las mejores ideas y soluciones para el negocio.

7. SERVICIO AL CLIENTE

Esta área se encarga de:

- Proporcionar soporte y solucionar problemas para los clientes.
- Hacerles más fácil la interacción con nuestro producto o servicio.
- Buscar siempre una retroalimentación que nos permita seguir mejorando.

8. DIRECCIÓN ESTRATÉGICA

La dirección estratégica es responsable de la planificación y la toma de decisiones a corto, mediano y largo plazo para el negocio.

Esta área evalúa la situación actual del mercado, la posición competitiva del negocio y las tendencias futuras; y luego desarrolla estrategias para alcanzar los objetivos del negocio.

> La dirección estratégica también es responsable de la implementación de dichas estrategias y de la revisión continua de su desempeño.

9. PROCESOS

Son las actividades y tareas que se realizan para llevar a cabo los productos y servicios del negocio.

La optimización de los procesos es importante para:

- **Mejorar la eficiencia.**
- **Reducir costos.**
- **Mejorar la calidad.**

> La identificación y el diseño de procesos eficientes es un aspecto clave de la dirección estratégica y se realiza en colaboración con otras áreas clave.

En pocas palabras,
es el mapa del tesoro.

Éstas son sólo algunas de las áreas clave que puede tener un negocio.

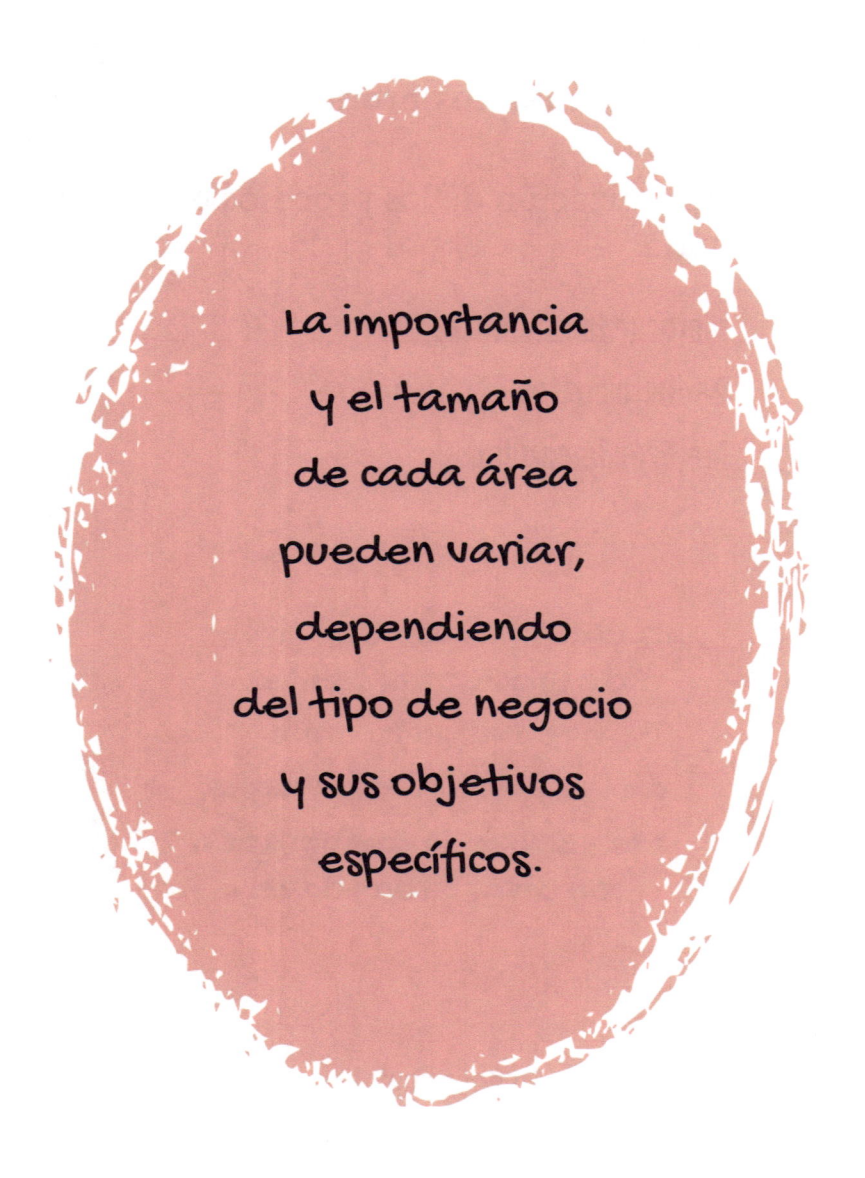

La importancia y el tamaño de cada área pueden variar, dependiendo del tipo de negocio y sus objetivos específicos.

Recomendaciones para el éxito de tu empresa:

ENFOQUE EN UNA SOLUCIÓN A UN PROBLEMA:

Enfócate en resolver un problema o satisfacer una necesidad en el mercado.

> La solución a un problema es la base de cualquier negocio exitoso.

Recomendaciones

CONOCE A TU PÚBLICO OBJETIVO:

Investiga y conoce a tu público objetivo, sus necesidades, deseos y comportamientos de compra.

Este conocimiento te ayudará a crear una estrategia efectiva de marketing.

CREA UN PLAN DE TRABAJO SÓLIDO:

Asegúrate de que sea detallado e incluya tus objetivos, estrategias y presupuesto.

Este plan te ayudará a mantenerte enfocado y a medir tu progreso.

NETWORKING:

Construye relaciones y haz networking con personas relevantes en tu industria y mercado. Estas relaciones pueden ayudarte a obtener consejos, apoyo y oportunidades de negocio.

> También puedes integrarte a cámaras de comercio, clubes de negocio o comunidades empresariales independientes.

MARKETING EFECTIVO:

> Asegúrate de que tu estrategia sea efectiva y llegue a tu público objetivo. Utiliza las plataformas digitales y los medios tradicionales para llegar a tus clientes potenciales.

CONTROL DE COSTOS:

Mantén tus costos bajos y controla tus gastos de manera rigurosa. Esto te permitirá:

- Mantener un flujo de efectivo positivo.
- Reducir tus riesgos financieros.

FLEXIBILIDAD:

Mantente flexible y dispuesto a hacer cambios en caso de ser necesario.

> A veces, los planes originales no funcionan y debes ser capaz de adaptarte y hacer cambios para lograr el éxito.

MEJORA CONTINUA:

Sé crítico con tu negocio y busca maneras de mejorar continuamente.

Escucha las opiniones y sugerencias de tus clientes y colaboradores, y haz los cambios pertinentes, en consecuencia.

COMUNIDADES DE EMPRENDIMIENTO:

Estas comunidades pueden apoyarte en tu preparación, disfrazar tus debilidades y ayudarte a convertirlas en fortalezas.

Recuerda:

"El que entre lobos anda, a aullar aprende".

CONSIGUE UN MENTOR:

Nadie experimenta en cabeza ajena; sin embargo, un mentor puede ayudarte a:

- Tomar decisiones.
- Encontrar el camino más corto hacia tus metas.
- Funciona como soporte ante las dificultades del camino.

Recuerda que el éxito en los negocios a menudo requiere tiempo, dedicación y paciencia. Persevera y sé constante en la aplicación de estas recomendaciones para lograr tus objetivos a corto plazo.

El éxito no es un punto fijo en el horizonte; es dinámico y rápido. Si quieres alcanzarlo, tienes que ser más rápido que él, enfocado siempre ante cualquier cambio de dirección y ser capaz de corregir sobre la marcha.

Por último:

> "Si quieres ser rico,
> debes pensar como rico."

> "Si quieres ser rico,
> actúa como rico."

Éstas y otras frases más escuchamos a diario, como si sólo con eso bastara para alcanzar la tan anhelada libertad financiera o, mucho mejor, una riqueza económica.

Nada más alejado de la realidad, y aunque suene duro, ellos ya actúan y piensan así, porque YA SON RICOS.

Por lo tanto,

copia lo que los ricos HICIERON para hacerse ricos, no lo que los ricos HACEN ahora que son ricos.

Como sociedad, tendemos a fijarnos en el resultado, pero pocos se detienen a ver el proceso. Recuerda que:

el éxito no se mide en lo que se ha alcanzado, sino en los obstáculos que se han tenido que superar.

Toma un poco comprenderlo, pero la próxima vez que veas a alguien exitoso y que se encuentre en la posición en la que tú quisieras estar, no le preguntes qué hace para ser rico, pregúntale qué hizo para serlo. Así podrás encontrar similitudes con él y analizar las fortalezas que tienen en común. De esta manera, lograrás ver un camino mucho más claro, con certeza, y lo mejor de todo, con un mapa que realmente pueda hacerte llegar a tu meta.

Ha sido un verdadero placer compartir contigo estas líneas, que espero puedan ayudarte a darle más claridad a tu

DESPERTAR EMPRENDEDOR

Made in the USA
Columbia, SC
07 October 2024